RONALD GUTBERLET

# DEICHLAMM, PINKEL, OCHSENBRATEN



*Fleischgerichte aus Norddeutschland*

MIT ZEICHNUNGEN
VON ISABEL KREITZ

EUROPA
VERLAG

# *Inhalt*



Ronald Gutberlet, Chefredakteur des »Szene Hamburg«-Sonderheftes »Essen + Trinken« und Restaurant-Kritiker für das »Hamburger Abendblatt«, ist Gourmet und leidenschaftlicher Koch. Unter seinem Pseudonym Robert Brack schrieb er den Gastro-Krimi »Die Feinschmecker-Morde« und eine Reihe von Kriminalromanen, die an der Elbe spielen. Er lebt in Hamburg-Ottensen, nur wenige Schritte vom Elbufer entfernt.

# *Das Land und sein Fleisch*

Befragt man einen Norddeutschen nach den kulinarischen Vorzügen seiner Heimat, kann es durchaus passieren, daß man eine größere Menge verschiedenster Fleischgerichte aufgezählt bekommt. Auf die Frage, ob denn nicht der Fisch im Norden eine viel wichtigere Rolle spiele, zuckt der Bewohner der Küstenländer mit den Schultern: Er hat an Rindfleisch un Plumen, Deichlammbraten, Vierländer Ente und Krustenschinken gedacht. Selbstverständlich ist ihm auch das berühmt-berüchtigte Schwarzsauer eingefallen, und ihm ist das Wasser im Mund zusammengelaufen. Fisch? Ja, sicher. Aber die norddeutschen Lande sind in gleichem Maße auch die Heimat charakteristischer Fleischgerichte.

»Das Land ist wie ein Schwein«, sagte einmal der Kieler Kirchenprobst Klaus Harms über Schleswig-Holstein, »an den Seiten fett, dort wächst der Speck, während es in der Mitte auf dem Rücken mager ist.« Mit Speck meinte er die fruchtbare Marschlandschaft mit ihren saftigen Weiden und ertragreichen Böden. Der magere Teil steht für die karge Geest mit ihren Mooren, Kiefernwäldern und der Heide. Ähnliches gilt auch für die anderen Landstriche. Ob Friesland, Holstein oder Mecklenburg, überall gab und gibt es den Gegensatz zwischen fruchtbarer und karger Landschaft, zwischen reichen und armen Bauern.

Schon 1589 schrieb der Pastor Petrejus, nachdem er aus der holsteinischen Geest nach Nordstrand gezogen war: »An Speise und Trank ist hier Gottes Segen. Mein

Lebtag habe ich nie ein solches Wohlleben gesehen. Frisch gesalzene, gekochte und angebratene Gänse werden mit Fett übergossen und halten sich das ganze Jahr. Speck, geräuchertes Ochsen- und Lammfleisch ... Selbst das Gesinde lebt wie die Herren – wir haben so viel zu essen, daß die Leute täglich fünf Stunden gebrauchen, um zu speisen.«

In vielen Teilen Mecklenburgs ging es anders zu. Noch heute bekommt man mitunter von einem Mecklenburger vom Land auf die Frage, wie es ihm geht, die Antwort: »Äten un Drinken smeckt, ümmer meud un hungrig« (Essen und Trinken schmeckt, immer müde und hungrig). Der Alltag der Bauern im Mecklenburg vergangener Jahrhunderte war oft hart. Die Leibeigenschaft dauerte hier länger als in anderen Gegenden, und auch später arbeiteten die Bauern zumeist für Großgrundbesitzer und bekamen ihre Nahrungsmittel zugeteilt. Fleisch war da selten dabei.

In den Städten wie Bremen, Lübeck, Hamburg oder Rostock gab es natürlich auf den Märkten so gut wie alles für den, der es sich leisten konnte. Hier standen in den bürgerlichen Haushalten Köche am Herd, die die ländlichen Rezepte weiterentwickelten und verfeinerten und auch fremdartige Gerichte wie zum Beispiel das Curryhuhn, das heute als typische Bremer Mahlzeit gilt, in ihr Repertoire aufnahmen.

Ob in der Stadt oder auf dem Land, die Gegensätze waren groß, die Mehrheit der Bevölkerung konnte sich Fleisch nur zu besonderen Anlässen leisten. Die Armen bezeichneten die Reichen als »Bratenfreter« (Bratenfresser), die Wohlhabenden revanchierten sich mit dem abschätzigen Ausdruck »Knochenpuler« (Knochennager).

Aber nicht nur aus wirtschaftlichen Gründen, auch weil die langen Winter dem Viehbestand zusetzten, war es nötig, beim Konservieren dieses kostbaren Nahrungsmittels Phantasie zu entwickeln. Fleisch wurde gepökelt, geräuchert, getrocknet oder gesäuert, damit es möglichst lange hielt. »Broken Söt«, die interessante typisch norddeutsche Geschmacksrichtung von Deftigkeit gepaart mit süß-saurem Geschmack, hat hier ihren Ursprung.

# *Vom Schwein*

»Das Schwein gehört ohne Widerrede zu den kostbarsten und unersetzlichsten Perlen in der Krone der Kultur«, schrieben Rudolf Habs und Ludwig Rosner in ihrem »Appetitlexikon« aus dem Jahr 1894. Es gab eine Zeit, da war Schweinefleisch das Hauptnahrungsmittel in Norddeutschland. Im Mittelalter war die Region nur sehr dünn besiedelt, es gab viel Wald, nicht zuletzt Eichenwälder. Die Bauern hatten es deshalb leicht, ihre Schweine großzuziehen: Sie trieben sie in den Wald, damit sie sich von Eicheln und anderen Waldfrüchten ernähren konnten. Die »Produktionskosten« für Fleisch waren also gering, jeder konnte sich seinen Genuß leisten. Wissenschaftler haben ausgerechnet, daß damals pro Jahr und Kopf gut hundert Kilogramm Schweinefleisch verzehrt wurden.

Als die Bevölkerung anwuchs, wurden die Wälder abgeholzt, um neue Siedlungsgebiete zu erschließen. Nun konnten nicht mehr so viele Schweine gehalten werden, das Fleisch wurde knapp. Um 1800 herrschten aufgrund des raschen Bevölkerungswachstums in weiten Teilen des Landes große Armut und Hunger vor. Durchschnittlich 15 Kilogramm Fleisch wurden zu dieser Zeit in der Region pro Person und Jahr nur noch gegessen. Erst um 1900 war wieder ein Pro-Kopf-Verbrauch von 50 Kilogramm erreicht. Das lag vor allem daran, daß die Schweinezucht intensiviert wurde. Innerhalb von hundert Jahren gelang es durch gezielte Züchtung, das Schlachtgewicht der Tiere zu verdoppeln.

Eine besondere Rolle bei der Ernährung kam lange Zeit dem Angler-Sattelschwein zu. Diese schwarze Rasse mit den charakteristischen Schlappohren sorgte lange Zeit für ausgezeichnete Fleischqualität in Norddeutschland. Das Angler-Sattelschwein wächst schnell, die tägliche Gewichtszunahme liegt bei 800 Gramm. Dennoch war es bis vor kurzem fast ausgestorben, weil es sehr viel Fett ansetzt – das war in früheren Zeiten ein Vorteil, heute bevorzugt man magerere Rassen. In den letzten Jahren hat das Angler-Sattelschwein eine Renaissance erfahren: Öko-Bauern züchten es wieder in Freilandhaltung, die Nachfrage steigt, denn das Fleisch ist fest und sehr aromatisch.

Mit dem »Swienskiek« beginnt es. Verwandte, Nachbarn und Freunde versammeln sich auf dem Hof eines Bauern und begutachten das zu schlachtende Tier, wobei sie schon den einen oder anderen Schnaps zu sich nehmen: Das Schlachtfest im November ist in den ländlichen Gebieten Norddeutschlands seit eh und je ein ganz besonderes Ereignis. Es stellt, nachdem die Ernte von Obst und Gemüse abgeschlossen ist, den Schlußpunkt eines Jahres harter Arbeit dar, und nun werden zu guter Letzt die Fleischvorräte für den Winter aufgefrischt.

Daß ausgerechnet im November geschlachtet wird, hat einen ganz praktischen Grund: Früher war es den Bauern aufgrund mangelnder Technik und fehlender Anbaufläche nicht möglich, das Futter für ihr Vieh extra anzubauen. Das bedeutete, daß meist nicht genügend Futter vorhanden war, um das Vieh über den ganzen

Winter zu ernähren. Tiere, die dennoch den Winter über im Stall gehalten wurden, magerten ab und mußten mitunter im Frühjahr am Schwanz auf die Wiesen gezogen werden. Daher der Name »Schwanzvieh«. Es war also viel vernünftiger, die fetten, gemästeten Tiere vor Beginn des Winters zu schlachten.

Schlachten bedeutete viel Arbeit. Eine bäuerliche Familie allein konnte das kaum bewältigen, weshalb Hilfe bei Verwandten und Nachbarn gesucht wurde. Als Fachmann, unter dessen Leitung das Ereignis stattfand, wurde schon im 19. Jahrhundert ein Schlachter verpflichtet. Dabei handelte es sich nicht etwa um den Inhaber eines Metzgereibetriebs, sondern um Männer, die im Frühjahr und Sommer als Maurer oder Ziegler arbeiteten und sich zu Beginn der Winterzeit in diesem Zweitberuf verdingten. Ihre Aufgabe war es, die Tiere zu betäuben und sie ausbluten zu lassen. Das Blut wurde in einem großen Bottich aufgefangen. Dann wurden die Schweine mit kochendem Wasser übergossen, danach die Borsten abgeschabt. War das erledigt, wurden die Tiere aufgeschnitten und ausgenommen an ein Spreizkreuz gehängt.

Ein Schwein konnte praktisch komplett verwertet werden, Abfall oder Unbrauchbares außer den Knochen blieb so gut wie gar nicht übrig: Aus dem Blut wurde Blutwurst und Schwarzsauer gekocht; die Därme wurden gereinigt und für die Wurstproduktion verwendet; Fleisch und Speck wurden gepökelt und anschließend geräuchert oder zusammen mit Innereien in Essigwasser gekocht und in Tontöpfen eingelegt. Aus

Leber und Speck wurde Leberwurst, aus Blut und Grütze Grützwurst, aus Hirnmasse sowie Brot, Eiern und Zwiebeln entstand die Bregenwurst. Auch Mäuler und Pfoten (Snuten un Poten) wurden gern gekocht und gegessen, genauso wie die beliebte Schweinebacke, die gepökelt und geräuchert auch heute noch als Delikatesse zu Kohlgerichten gereicht wird.

Das Schlachten war für alle Beteiligten eine schweißtreibende Angelegenheit. Aber wenn dann alle Fleischteile fertig eingelegt waren oder in der Räucherkammer hingen, wurde aus dem Arbeitstag ein Feiertag, das »Swiensköst« begann: Fleisch, das sofort verwertet werden mußte oder übriggeblieben war, wurde nun gemeinsam verzehrt. Natürlich mußte vor allem das leicht verderbliche Blut in eine schmackhafte Mahlzeit verwandelt werden – und so entstand das Schwarzsauer, ein Gericht, das alle echten Norddeutschen noch heute lieben. Um das Schwarzsauer wird ein regelrechter Kult betrieben, was bei Bewohnern anderer Landstriche zumeist Kopfschütteln hervorruft.

## Schwarzsauer

(für 6 Personen)
1 l Wasser, 1/8 l Essig, 10 g Salz,
6 Gewürznelken, 2 Lorbeerblätter,
2 Zwiebeln, 2 kg Snuten un Poten
(Schweineschnauzen und -füße),
2 l frisches Schweineblut

*Snuten un Poten zusammen mit dem Wasser, dem Essig und den Gewürzen aufkochen und anschließend bei schwacher Hitze 2 Stunden köcheln lassen. Snuten un Poten mit einem Schaumlöffel herausnehmen. In die Brühe wird unter ständigem Rühren das Blut eingegossen und 5 Minuten mitgekocht. Nun wird das Fleisch von den Knochen gelöst und wieder in den Topf gegeben.*

Schwarzsauer kann mit einem beliebigen Anteil Innereien zubereitet werden. Es wird mit Mehl- oder Kartoffelklößen oder Kartoffeln serviert, und man ißt in der Regel Backobst dazu (wenn man es nicht schon mitgekocht hat). Wenn das Gericht (wie in unserem Rezept) nicht gesüßt wurde, gehört auch ein Zuckertopf auf den Tisch, denn es handelt sich um ein süß-saures Gericht.

Das Schwarzsauer kann gekühlt einige Wochen aufbewahrt werden. In Norddeutschland war es deshalb früher Sitte, eine sehr große Menge zuzubereiten und über einen längeren Zeitraum davon zu zehren. Es heißt auch, nicht zuletzt deshalb sei der süß-saure Geschmack entwickelt worden – Essig und Zucker übertönen das immer strenger werdende Aroma. Das oben angegebene Rezept bezieht sich auf das flüssige »Schwattsuer«, das bevorzugt auf dem Land genossen wird. In der Stadt wird unter dem gleichen Namen ein schnittfestes Schwarzsauer angeboten, eine Art Wurst in Kastenform, die mit Aspik angedickt wird.

Getreu dem Motto »Slachten is kein Smachten« sei hier noch eine zweite sehr sättigende Möglichkeit vorgestellt, die Gäste zum Schlachtfest satt zu bekommen

und ihnen eine solide Grundlage für die Lütjen Lagen – Bier und Korn – zu verschaffen:

## Pannenslag

(für 6 Personen)

2 l Fleischbrühe, 4 Zwiebeln, Pfeffer, Salz, Majoran, Piment, ca. 1 kg Fleisch, je nachdem, was noch übrig ist (von Kopf, Herz, Hirn, Lunge, Knochenfleisch etc.), 250 g Grütze

*Die Grütze mehrere Male mit der heißen Brühe übergießen und quellen lassen. Wenn sie gut aufgequollen ist, wird sie mit dem Fleisch vermengt, kräftig gewürzt und gekocht. Der Fleischbrei muß ständig gerührt werden, damit er nicht anbrennt. Vom Feuer nehmen. In einer Pfanne Zwiebeln anbraten. Anschließend mit einer*

*Schöpfkelle einen »Schlag« der Grütze hineingeben und braun braten. Weitere Fleischkuchen braten, bis die Masse verbraucht ist.*

Die bekanntesten norddeutschen Wurstsorten werden folgendermaßen hergestellt:

## Grützwurst

2 l Brühe, 1 kg Graupen,
Restfleisch vom Schwein (gegart),
750 g Leber, 500 g Schwarten, Salz, Pfeffer,
Piment, Därme

*Die Graupen mit etwas Brühe übergießen und quellen lassen. Schwarten pochieren, Leber kochen und mit dem übrigen Fleisch durch den Fleischwolf drehen. Dann in die Grütze einrühren und würzen. Die Masse in Wurstdärme füllen und eine Stunde in der Fleischbrühe bei ca. 80 Grad ziehen lassen. Zum Schluß leicht räuchern. Schmeckt am besten gebraten.*

## Pinkel

500 g Nierenfett,
500 g frischer durchwachsener Speck,
1 kg Hafergrütze, 4 Zwiebeln fein gehackt,
Pfeffer, Salz, Piment, Wurstdärme

*Nierenfett und Speck klein würfeln und mit den Zwiebeln und der Grütze vermengen. Würzen und in Pinkeldärme füllen. Die Därme dürfen nur zu zwei Dritteln gefüllt werden, da die Grütze noch aufquellen muß. An-*

*schließend werden sie knapp 1 Stunde bei 80 Grad gegart, über Nacht geräuchert und später mit dem Grünkohl noch mal gekocht.*

Der Name Pinkel kommt übrigens vom plattdeutschen »Pink«, das den kleinen Finger bezeichnet; man könnte also auch hochdeutsch »Fingerwurst« sagen. Pinkel ist aber auch die niedersächsische Bezeichnung für den Mastdarm, der zur Produktion dieser Würste verwendet wird.

Die Bregenwurst, ebenfalls eine Zutat für das legendäre Grünkohlessen, verdankt ihren Namen dem wichtigsten Inhaltsstoff, dem Schweinehirn, auch Bregen genannt:

## Bregenwurst

1 Schweinehirn, 1 kg Schweinefleisch nicht zu fett, 1 kg Schwarten, 500 g gekochte Zwiebeln, Salz, Pfeffer, Piment, Wurstdärme

*Das Hirn muß gewässert, die Schwarten müssen pochiert werden. Anschließend wird beides zusammen mit dem Fleisch und den Zwiebeln durch den Fleischwolf gedreht und gut gewürzt. Man füllt die Masse in die Wurstdärme, die man zu Ringen bindet. Die Würste eine Stunde in Fleischbrühe garen und dann zum Trocknen aufhängen.*

Die Bregenwurst, die man heute beim Schlachter kauft, enthält in den meisten Fällen kein Hirn mehr, sondern besteht nur aus Schweinefleisch, Schwarten, Zwiebeln und Pökelsalz, Pfeffer, Piment. Diese Würste werden auch anders zubereitet, nämlich roh geräuchert und dann gekocht. Den ursprünglichen Namen haben sie aber behalten.

## Bratwurst

(für 12 Personen)
2 kg durchwachsenes Schweinefleisch, ½ l Vollmilch,
Salz, Pfeffer, Piment, Majoran, Naturdarm

*Das Fleisch viermal durch den Wolf drehen und dann mit der Milch und den Gewürzen zu einer geschmeidigen Masse verkneten. Die Masse locker in die Därme füllen. Vor dem Braten müssen die Würste zunächst mit siedendem Wasser übergossen werden.*

In Schleswig-Holstein werden zum Schlachtfest sehr häufig Bratwürste serviert. Eine andere, sehr beliebte Wurstspezialität, vor allem in der Gegend um Bremen, ist Knipp.

## Knipp

(für 6 Personen)
1 kg Graupen, 4 l Fleischbrühe, 750 g Leber,
250 g Schweinenacken, 500 g frische Speckschwarte,
Salz, Pfeffer, Piment, Schweineschmalz

*Die Graupen in 2 Liter Fleischbrühe aufkochen und bei schwacher Hitze quellen lassen. Die Leber in ½ Liter heißer Brühe garen. Die Schwarten pochieren, anschließend die Leber, den Schweinenacken und die Schwarten durch die feine Scheibe des Fleischwolfs drehen und mit den Gewürzen abschmecken. Großzügig würzen! Die Masse mit den Graupen vermengen, in ein Tuch einbinden und in die restliche Fleischbrühe hängen. Zwei Stunden gar ziehen lassen. Danach portionsweise in viel Schweineschmalz braten. Dabei immer rühren, denn es kommt darauf an, daß die Masse breiig bleibt und trotzdem Krüstchen bildet.*

Knipp, das inzwischen auch von der gehobenen Gastronomie als Spezialität entdeckt wurde, ißt man traditionell mit Bratkartoffeln und Gewürzgurken oder mit Apfelmus. Man kann auch Kartoffelsalat und Büdelwurst (Beutelwurst) dazu essen – falls man es schafft.

## Büdelwurst

(für 4 Personen)
3 l Schweineblut, 1 kg Roggenschrot,
300 g gewürfelten Speck,
Pfeffer, Nelkenpfeffer, Salz, Kumin, Piment

*Die Zutaten werden kalt zusammengerührt und pikant abgeschmeckt. Danach wird der Brei in Leinenbeutel gefüllt und im Wurstkessel etwa 2 Stunden lang gekocht, bis beim Einstechen in den Beutel kein Blut mehr austritt. Man kann die Büdelwurst frisch oder auch leicht geräuchert essen. Sie wird in Scheiben geschnitten, in der Pfanne gebraten und zu Knipp gegessen.*

Sicherlich ist es nicht ganz leicht, Fremden so manche norddeutsche Schlachtspezialität schmackhaft zu machen. In ihrem berühmten Werk »Grönen Aal und Rode Grütt« berichtet die Holsteinerin Maria Elisabeth Straub, verheiratet mit einem Süddeutschen, von den Problemen, ihrem Gatten zu erklären, warum sie von Schwarzsauer so begeistert ist. Sie müht sich redlich, aber mehr als »um das zu mögen, muß man wohl hier geboren sein« kommt dann doch nicht dabei raus. Glücklicherweise gibt es noch andere Rezepte mit Schweinefleisch, die auch einen Fremden begeistern dürften:

## Gefüllte Schweinebrust süß-sauer

(für 4 Personen)
1 kg Schweinebrust, Salz, 300 g säuerliche Äpfel,
250 g entsteinte Backpflaumen, Zucker,
1 EL Semmelbrösel, 2 Eigelb,
40 g Schweineschmalz

*In das Fleisch eine tiefe Tasche schneiden, die Schwarte rautenförmig einschneiden, rundum salzen. Äpfel schälen, entkernen und in Achtel schneiden. Mit den Backpflaumen vermengen, leicht zuckern, mit Semmelbrösel bestreuen und mit dem Eigelb vermischen. Die Füllung in die Tasche geben und die Öffnung mit einem Holzstäbchen verschließen. Das Schweineschmalz in einem Bräter erhitzen und das Fleisch von allen Seiten anbraten. Dann in den Backofen stellen und bei 200 Grad 1 ½ Stunden braten, zuerst mit der Schwarte nach unten. Nach der Hälfte der Garzeit den Braten umdrehen. Die Schwarte ab und zu mit Salzwasser bestreichen. Den Braten am Tisch tranchieren. Eventuell vorhandenen*

*Bratensaft darübergießen. Traditionell ißt man zur gefüllten Schweinebrust Salzkartoffeln und Rotkohl.*

Da es die Norddeutschen lieben, deftigen Geschmack mit süß-sauren Aromen zu verbinden, gibt es eine Menge Rezepte, in denen Schweinefleisch mit Äpfeln und Pflaumen kombiniert wird. Auch andere Varianten, bei denen das Schweinefleisch süßlich abgeschmeckt wird, sind weit verbreitet. Für besondere Festtage empfiehlt sich beispielsweise gebackener Schinken.

## Gebackener Schinken

(für 4 Personen)
1,5 kg Schweineschinken ohne Schwarte
aber mit Fettschicht, Salz, weißer Pfeffer,
Gewürznelken, 150 g trockenes, dunkles Roggenbrot,
3 EL brauner Zucker, 1 Karotte kleingeschnitten,
2 EL Sahne oder Crême double,
1 Stück Sellerieknolle gewürfelt, 1–2 EL Mehl

*Die Fettschicht des Schinkens rautenförmig einschneiden, salzen und pfeffern. In die Schnittpunkte Nelken einstecken. Braten zusammen mit den Möhren und dem Sellerie in einen gefetteten Bräter setzen, etwas Wasser angießen. Bei 220 Grad 1 Stunde braten. Mit der Bratenflüssigkeit begießen, auf 200 Grad herunterschalten und weitere 40 Minuten braten. Darauf achten, daß die Flüssigkeit nicht verdampft. Das Brot zu Bröseln verarbeiten (reiben oder im Mixer) und mit dem Zucker vermischen. Den Schinken damit bestreuen und weitere 30 Minuten backen, bis eine Kruste ent-*

*standen ist. Braten herausnehmen und warm stellen. Bratensatz lösen und durch ein Sieb in einen Topf geben, aufkochen und mit in Sahne angerührtem Mehl binden. Den Braten aufschneiden und die Sauce separat reichen. Auch hier empfehlen sich als Beilagen Salzkartoffeln und Rotkohl, aber auch Wirsing paßt gut.*

Der Schinken auf Lübsche (das heißt Lübecker) Art gelangte durch den Schriftsteller Thomas Mann zu literarischem Ruhm. Als Nachfahre einer wohlhabenden Kaufmannsfamilie war er gutem und reichlichem Essen sehr zugetan. Wenn bei Manns zu Hause Gäste geladen waren, wurden mindestens fünf Gänge aufgefahren. Das folgende Traditionsrezept fand denn auch Eingang in den Roman »Die Buddenbrooks«: »Ein kolossaler, ziegelroter, panierter Schinken erschien, geräuchert, gekocht, nebst brauner, säuerlicher Schalottensauce.«

## Schinkenbraten »Buddenbrook«

2 kg gepökelter Schinken mit Schwarte,
1 Lorbeerblatt, 12 Pfefferkörner,
½ Sellerieknolle gewürfelt, 3–4 Zwiebeln
in Ringe geschnitten, 3–4 Karotten,
Dijonsenf, Honig

*Der Schinken wird zusammen mit dem Lorbeerblatt, dem Pfeffer, dem Sellerie, den Karotten und den Zwiebeln in einen großen Topf gelegt, zur Hälfte mit Wasser bedeckt und 1 ½ Stunden geköchelt. Anschließend das Fleisch in einen Bräter setzen und die Schwarte mit Senf und Honig bepinseln. Dann den Schinken etwa 1 Stun-*

*de bei 200 Grad im Backofen schmoren und regelmäßig mit Honig bepinseln, damit sich eine knusprige Kruste bildet.*

Als Beilage empfehlen sich Bohnen oder Rosenkohl und natürlich unbedingt die von Mann erwähnte Schalottensauce.

## Schalottensauce

12 Schalotten, 3 EL Butter, 40 g Mehl,
¼ l Fleischbrühe, ¼ l Sahne, Salz, Pfeffer,
1 Eigelb, 1 TL Dijonsenf

*Die Schalotten schälen, grob hacken und in 1 Eßlöffel Butter glasig dünsten. In einem zweiten Topf die restliche Butter erhitzen und das Mehl darüberstäuben, verrühren und die Fleischbrühe angießen. Glattrühren, die Sahne hinzugießen und 10 Minuten kochen lassen. Durch ein Sieb geben, mit Eigelb legieren, mit Senf, Salz und Pfeffer abschmecken und zu den Schalotten geben.*

Es ist also durchaus möglich, auf norddeutsche Art und noch dazu mit einem schlichten Schweinebraten kulinarische Höhen zu erklimmen. Das wußte auch der preußische Offizier Eugen von Vaerst, der 1851 in seiner zweibändigen »Gastrosophie« schrieb: »Das Schwein ist die Palme des Nordens, und wie die Palme Wein, Butter, Milch, Essig, Zucker, Brot und Kleidung gibt, so mannigfach wohltuend ist das Schwein durch das ganze Jahr in der Küche.«

# Vom Ochsen

In seinen »Briefen eines durch Westphalen und Niedersachsen reisenden Engländers«, die 1764 in Großbritannien unter dem Titel »German Spy« veröffentlicht wurden, befaßte sich Thomas Lediard intensiv mit dem Verhältnis der Hamburger zum Ochsen und dessen Fleisch. Als er zur Schlachtzeit im Herbst in der Stadt ankam, bemerkte er »fast vor jeder Thüre einen todten Ochsen«. Die Schlachtzeit in Hamburg ging damals über sechs bis acht Wochen. Während dieser Zeit wurde jede Woche ein dreitägiger Ochsenmarkt abgehalten. Wohlhabende Bürger kauften hier nicht nur einen, sondern häufig mehrere Ochsen, die sie erst mal vor ihrem Haus anbinden ließen, um so ihren Reichtum zur Schau zu stellen.

»Des Abends«, beobachtete der »englische Spion«, »bringet man sie, und zuweilen mit größter Mühe, über viele Stufen in das Vorhaus, wo sie geschlachtet, und nachdem sie ausgehäutet und ausgeweidet sind, bey den Hinterfüßen aufgehangen werden. In dieser Stellung wird der Ochse auf das lächerlichste ausgeputzt, man macht ihm Handblätter von zerschnittenem Papier um die Vorderfüße, und einen großen Quasten von gleicher Art um den Schwanz. Ein feines damastenes Tellertuch wird über die Brust gebreitet, der Bauch ist ausgespannet, und gemeiniglich ein Bret oder ein Gesimse inwendig drüber her geleget, worauf ein großes Glas von zwey oder mehr Quart Wein steht, um jeden, der kommet, auf die Gesundheit oder vielmehr auf das selige Gedächtnis des Verstorbenen zuzutrinken.«

In Hamburg existiere ein regelrechter Kult ums Ochsenfleisch, wunderte sich der Engländer: »Und wirklich höret man, so lange diese Jahreszeit dauert, von nichts anders reden. Oeffentliche und Privathäuser, Weinschenken, Kaffee- und Bierhäuser, die Börse, das Rathaus und das Consistorium, und wenn ich nicht übel berichtet bin, so gar die Kirchen erschallen von keinem andern Inhalt. Kurz, alles andere Gewerbe scheinet aufgeschoben und von diesem verschlungen zu seyn. Wenn man in einen Laden gehet, um ein Pfund Thee oder eine andere Waare zu kaufen, so verwette ich zwanzig an eines, der Kramer wird einen statt der Antwort mit keiner andern Anrede empfangen: ›Niemals, mein Herr, bin ich so glücklich gewesen, ein solches Thier zu kaufen, als dieses Jahr. Es war das schönste Thier, und sie würden sich was darauf gute gethan haben, es zu besehen und zu befühlen. Ich hatte so und so viel hundert Pfund Fleisch, so und so viel Talch oder Unschlitt, und verkaufte die Haut so und so theuer, so daß, wenn ich alles dieses rechne, mir das Pfund nur so und so viel kostet, was meinen sie, mein Herr, habe ich nicht einen wohlfeilen Kauf gethan? Habe ich nicht einen rechten Ochsenverstand?‹«

Hausschlachtungen wurden in Hamburg bis ins 18. Jahrhundert durchgeführt. Traditionell schmorte man das Fleisch in Stücken zusammen mit Rosinen in einem Topf aus Ton, Messing oder Kupfer, der sich gut verschließen ließ. Dicser Vorläufer des Dampfkochtopfes war an der Unterseite gewölbt und stand auf drei Beinen, und es konnten in ihm sogar mehrere Speisen zugleich zubereitet werden, wenn man sie in verschiedenen Schüsseln übereinander hineinstellte. Das Fleisch lag dabei immer ganz unten und wurde über Nacht langsam bei niedriger Hitze mürbe gekocht. Es gab sogar den Berufsstand der »Garbrader« (Garbrater), die ihre Fleischgerichte öffentlich an Ständen in der Garbraderstraße anboten.

Heutzutage gehört Ochsenfleisch mit Rosinensauce zu den Klassikern der Hamburger Küche. Man nimmt dafür traditionell ein Stück gepökelte Ochsenbrust, das im allgemeinen nur nach Vorbestellung beim Schlachter erhältlich ist. Mit ungepökeltem Fleisch ist es auch ein feines Essen. Die Hamburger schmoren das Stück jedoch nicht mehr, sondern kochen es in der Brühe. Damit ähnelt das Gericht dann ein wenig dem Wiener Tafelspitz oder dem französischen Pot au feu:

## *Ochsenbrust mit Rosinensauce*

(für 4 Personen)

500 g Rindfleischknochen, 1 Bund Suppengrün,
2 Lorbeerblätter, 1 Bund Petersilie, 1 EL Majoran,
1 Zwiebel, 2 Gewürznelken,
geriebene Zitronenschale,
2 EL Pfefferkörner, 1 kg Ochsenbrust

Für die Sauce:

100 g Butter, 30 g Mehl, ½ l Rinderbouillon,
30 g Korinthen, 30 g Rosinen,
40 g gehackte Mandeln,
¼ l Weißwein, Zitronensaft, Zucker

*Die Knochen mit dem Suppengrün, den Kräutern, Gewürzen und der mit den Gewürznelken gespickten Zwiebel, der Zitronenschale und den Pfefferkörnern in 2 Liter Wasser zum Kochen bringen und 1 Stunde köcheln lassen. Dann die Ochsenbrust dazugeben und 2 Stunden in der ganz leicht sprudelnden Brühe garen. Herausnehmen, warm stellen.*

*Für die Rosinensauce Butter und Mehl anschwitzen und mit der Brühe ablöschen. Korinthen, Rosinen, Mandeln und Wein dazu geben, mit Zitronensaft und Zucker abschmecken und 5 Minuten kochen lassen. Zum Servieren das Fleisch aufschneiden, die Sauce separat reichen. Am besten passen Kartoffeln, die in der Fleischbrühe gekocht wurden.*

Eine besondere Hamburger Spezialität ist das Rauchfleisch, dessen Qualitäten sogar der ausgewiesene Feinschmecker Heinrich Heine in den höchsten Tönen lobte: »Hamburg ist die Vaterstadt des Rauchfleisches und rühmt sich dessen, wie Mainz sich seines Johann Fusts und Eisleben sich seines Luthers zu rühmen pflegt. Aber was bedeutet die Buchdruckerei und die Reformation im Vergleich mit Rauchfleisch. Ob beide ersteren genutzt oder geschadet, darüber streiten zwei Parteien in Deutschland; aber sogar unsere eifrigsten Jesuiten sind eingeständig, daß das Rauchfleisch eine gute, für den Menschen heilsame Erfindung ist.«

Das Hamburger Rauchfleisch ist saftig und kirschrot. Es darf nur in Hamburg und Umgebung hergestellt werden und wurde früher von vielen Haushalten in großen Mengen für den Winter eingelagert. Inzwischen gibt es allerdings nicht mehr sehr viele Schlachter, die sich auf diese Spezialität verstehen. Rauchfleisch wird aus hochwertigen Zutaten hergestellt: Man verwendet die besten Stücke aus der Ochsenkeule. Die von Sehnen und Fett gänzlich befreiten Fleischteile werden mit grobem Salz, Salpeter und Rohrzucker eingerieben und in ein Faß gelegt, dessen Deckel später beschwert wird. Dann bedeckt man das Fleisch mit Schinkenlake und pökelt es zwei Wochen lang. Anschließend wird es drei bis vier Tage geräuchert und schließlich vor dem Verzehr gekocht. Man ißt es in der Kartoffelsuppe oder zusammen mit Grünkohl, auch deftige Bohnen- oder Rübengerichte bieten sich an. Besonders anglophile Hamburger reichen das Rauchfleisch zu Plumpudding.

Eine andere legendäre Rindfleischspezialität aus

Hamburg ist das berühmte Hamburger Beefsteak. Das entsprechende Fleischstück wird aus der Kluft des Rindes geschnitten, man kann auch sagen aus der Hüfte oder Huft oder dem Blumenstück. Das Steak sollte nicht mehr als drei Zentimeter dick sein. Es wird ganz einfach gegrillt oder gebraten. Früher mußte es ganz durch sein, heute ißt man es auch rosa, und Zwiebeln gehören unbedingt dazu. Da das Beefsteak die Leibspeise der Hamburger Börsianer war, nennt man es auch »Börsenfrühstück«. Es steht noch heute auf der Speisekarte des traditionsreichen, in Börsennähe liegenden Luxus-Restaurants Cölln's Austernstuben, wo sonst eigentlich viel raffiniertere Kreationen angeboten werden.

## *Hamburger Beefsteak*

(für 4 Personen)
4 Beefsteaks à 200 g, 250 g Zwiebeln
in Ringe geschnitten, Pfeffer, Salz,
2 EL Butter, 1 EL Öl

*Die Beefsteaks mit Pfeffer einreiben und bei Zimmertemperatur ruhen lassen. Die Zwiebeln in der Butter andünsten und salzen. Öl in einer Pfanne erhitzen und die Steaks auf jeder Seite etwa 5 Minuten braten (weniger, wenn man es blutig haben möchte). Herausnehmen, salzen und auf vorgewärmte Teller legen. Die Zwiebeln darüber verteilen. Den Bratenfond mit etwas Wasser ablöschen und mit einem Holzlöffel lösen, über die Zwiebeln geben. Dazu ißt man Salzkartoffeln, grüne Bohnen oder auch gegrillte Tomaten.*

Nicht nur die Hamburger sind leidenschaftliche Rindfleischesser. Es gab über die Jahrhunderte in Norddeutschland Gegenden, wo selbst in schweren Zeiten große Ochsenherden die Wiesen bevölkerten. Im westlichen Norddeutschland, nahe der Küste, waren Rinder ein konstanter Wirtschaftsfaktor und trugen zum Wohlstand der Bauern bei. Auch im Osten von Schleswig-Holstein und auf der Insel Fehmarn wurde bereits im 18. Jahrhundert sehr viel Rindfleisch verzehrt. Im Jahre 1809 wurde von der Rendsburger Amtsverwaltung festgestellt, daß auch die kleineren Bauern in der Regel ein oder zwei Schweine sowie eine Kuh und einen Ochsen ihr eigen nannten.

Das Schlachten von Rindern war allerdings kein so großes Ereignis wie das Schweineschlachten. Vielleicht lag es daran, daß hierbei kaum Wurst hergestellt wurde und deshalb nicht so viele Helfer nötig waren. Die zeitaufwendigste Arbeit war das »Kerzenstippen«, wenn aus erhitztem Rindertalg und Dochten Kerzen hergestellt wurden. Da der Talg nicht verderben konnte, war hier jedoch keine Eile geboten. Zum Verzehr der Pansen wurden dann jedoch gern die Nachbarn eingeladen, so daß auch die Rinderschlachtung Anlaß zu einer kleinen Feier war.

Wie schon im Zusammenhang mit der Ochsenbrust zu sehen war, kombinieren die Menschen in Norddeutschland ihr Fleisch gerne mit Obst. Das betrifft nicht nur Spezialitäten vom Rind, sondern zieht sich als Leitmotiv durch die ganze norddeutsche Küche. Die »Broken Söt«, die Kombination von deftig und süß-sauer, ist typisch für Friesland, Schleswig-Holstein und Mecklenburg-Vorpommern. Wie sich diese Vorliebe entwickelt hat, ist nicht bekannt. Manche vermuten, daß Seeleute in exotischen Ländern Bekanntschaft mit derartigen Geschmacksverbindungen gemacht haben. Andere lästern, mit Rosinen und Backpflaumen oder sonstigem Trockenobst und mit Essig könne man am besten den strengen Geschmack zu lange gelagerten Fleisches übertönen. Wie dem auch sei, an einem Klassiker der »Broken Söt«, der überall im Norden zubereitet wird, führt kein Weg vorbei:

## Rindfleisch mit Pflaumen

(für 4 Personen)

250 g entsteinte Backpflaumen, 3 Zwiebeln,
1 Stange Lauch, 3 Karotten, 150 g Sellerieknolle,
Salz, 3 Pimentkörner, 1 Lorbeerblatt,
1,2 Kilo durchwachsenes Rindfleisch,
2 EL Zucker, 30 g Butter, 30 g Mehl,
weißer Pfeffer

*Backpflaumen in laumwarmem Wasser 20 Minuten lang einweichen. Eine Zwiebel, den Lauch und die Karotten kleinschneiden. 2 Liter gesalzenes Wasser mit den Pimentkörnern, dem Lorbeerblatt, dem kleingeschnittenen Gemüse und dem Fleisch aufkochen. Den Schaum abschöpfen und dann das Fleisch auf kleiner Flamme 1½ Stunden weiterköcheln lassen. Das Fleisch herausnehmen und warm stellen. Die Brühe durch ein Sieb gießen. ½ Liter davon beiseite stellen. In der restlichen Brühe die Backpflaumen mit dem Zucker erhitzen. Die beiden übriggebliebenen Zwiebeln in Ringe schneiden. Butter in einem Topf erhitzen und die Zwiebelringe darin glasig dünsten. Mit Mehl bestäuben und umrühren. Den ½ Liter Fleischbrühe angießen und aufkochen. Mit Salz und Pfeffer abschmecken. Nun das Fleisch gegen die Faser in fingerdicke Scheiben schneiden und auf eine vorgewärmte Platte legen. Die Pflaumen aus der Brühe nehmen und über dem Fleisch verteilen. Das Ganze mit der Zwiebelsauce übergießen. Dazu gibt es Kartoffelbrei und grünen Salat.*

Natürlich gibt es zu einem Traditionsgericht wie Rindfleisch un Plumen auch eine Geschichte. Sie stammt aus einem Gedicht des mecklenburgischen Schriftstellers Fritz Reuter und erzählt von einem Lehrling in einer offenbar sehr kleinen Stadt, der zum Bürgermeister geht, um sich über die schlechte Kost bei seinem Lehrherren zu beklagen. Der tut ganz empört:

»Dat hürt ick niemals allmeindag,
Ick holl min Lüd' so slicht?
Antwurten'S blot up dese Frag:
Rindfleisch un Plumen is't en slicht Gericht?«

Selbstverständlich ist der Bürgermeister auch der Ansicht, daß es sich um ein ausgezeichnetes Mahl handelt, und droht dem anspruchsvollen Lehrling Prügel an. Doch der Junge entgegnet kühl:

»Rindfleisch un Plumen is en schön Gericht,
Doch mine Herrn, ick krig't man nicht.«

Das Gedicht gehört inzwischen zur mecklenburgischen Folklore und wird immer wieder zitiert.

Nicht nur gekocht gehört Rindfleisch zu den Leibspeisen der Norddeutschen. Laut neuester Umfragen ist das absolute Lieblingsgericht der Menschen im nördlichen Niedersachsen, in Bremen, Schleswig-Holstein, Hamburg und Mecklenburg-Vorpommern die Rinderroulade. Sie wird geschmort und kommt mit viel Sauce am Sonntag auf den Tisch:

## Rinderrouladen mit Speck

(für 4 Personen)
4 Rinderrouladen à 750 g, Salz, Pfeffer,
Dijonsenf, 150 g durchwachsener Speck
in dünnen Scheiben,
1 Zwiebel in Ringe geschnitten,
2 Zwiebeln grob gehackt, 2 Gewürzgurken geviertelt,
2 EL Öl, 300 g Schmand (24 % Fett)

*Rouladen auf beiden Seiten pfeffern, salzen und mit Senf bestreichen. Den Speck, einen Teil der Zwiebeln und die Gurken darauf verteilen, das Fleisch aufrollen und mit Holzstäbchen zustecken. Das Öl in einem Schmortopf erhitzen und die Rouladen von allen Seiten anbraten. Die restlichen Zwiebeln dazugeben, umrühren. Etwas Wasser angießen und bei milder Hitze 1½ Stunden schmoren lassen. Dann das Fleisch aus dem Topf nehmen und warm stellen. Die Zwiebeln püerie-ren, den Bratenfond lösen, Schmand hineinrühren, einkochen lassen. Rouladen mit der Sauce überzogen servieren. Als Beilage Salzkartoffeln und Rotkohl auf dänische Art (mit Zucker, Johannisbeergelee und Nelken gewürzt).*

»Rindfleisch«, heißt es im »Appetitlexikon«, »besitzt nicht nur einen volleren Geschmack, sondern auch ein dichteres Gewebe als alle übrigen Schlachtfleischarten, und gilt daher mit Recht für nahrhafter als diese ... Das beste Fleisch mit zarter und doch nicht weichlicher Faser liefert der ausgewachsene, gut gemästete Ochse vom 4. bis zum 8. Jahre; mit dem 12. Jahre tritt eine entschiedene Entwertung ein. Kuhfleisch, durchweg fettärmer als Ochsenfleisch, ist von Tieren vom 3. bis zum 5. Jahr am zartesten. Jüngeres Fleisch gibt saftige Braten, aber schwache Fleischbrühe; älteres vortreffliche Fleischbrühe, wird aber beim Braten holzig.« Wenden wir uns also zum Schluß dieses Kapitels einer besonders zarten Delikatesse zu:

## Geschmorte Kalbsschulter

(für 6 Personen)
1,5 kg Kalbsschulter, Salz, Pfeffer,
100 g durchwachsener Speck in dünnen Scheiben,
2 EL getrocknete Steinpilze, 30 g Butter,
2 EL Öl, 250 g Lauch,
2 Petersilienwurzeln,
2 Zwiebeln, ½ l Buttermilch,
250 g Sahne, 1 TL Fleischextrakt, Stärkemehl

*Kalbsschulter vom Schlachter von den Knochen lösen und so aufschneiden lassen, daß ein flaches Stück entsteht. Knochen kleinhacken lassen. Das Fleisch von beiden Seiten mit Salz und Pfeffer würzen, mit Speck belegen, aufrollen und mit einem Faden binden. Die Steinpilze in 1/8 Liter lauwarmem Wasser einweichen. Butter und Öl in einem Bräter erhitzen und die Kalbsrolle darin rundum anbraten. Den Lauch, die Petersilienwurzeln und die Zwiebeln zerkleinern und dazugeben. Zudecken und schmoren, ab und zu umrühren. Die Steinpilze mit ihrer Flüssigkeit hinzufügen. Buttermilch und Sahne mischen und etwas davon einrühren. Nun den zugedeckten Schmortopf in den auf 200 Grad vorgeheizten Backofen stellen. Das Fleisch soll 1½ bis 1¾ Stunden schmoren. Ab und zu etwas von dem Buttermilch-Sahne-Gemisch zugeben. Am Schluß den Braten herausnehmen und warm stellen. Den Fond einkochen und mit Fleischextrakt, Salz und Pfeffer abschmecken und durch ein Sieb gießen. Mit dem angerührten Stärkemehl binden. Den Braten aufschneiden, die Sauce separat reichen. Dazu gibt es Salzkartoffeln und grünen Salat.*

Mit Gas-, Elektro- und Umluftherden ist das Zubereiten eines saftigen Bratens kein Kunststück mehr. Welche Anstrengungen Köche und Köchinnen in früheren Zeiten unternehmen mußten, um ein gutes Ergebnis zu erzielen, kann man im »Illustrierten Hamburger Kochbuch« von 1879 nachlesen: »Beim Ofenbraten muß man erst das Feuer zu dem richtigen Hitzegrad bringen, ehe man den Braten einsetzt. Ist das Feuer in vollem Gange, so setze man ein paar Ziegelsteine in den Ofen, damit der Braten von unten her nicht eine allzu große

Hitze erlange, dann lege man denselben in die mit einer Roste versehene Bratpfanne, begieße ihn mit Butter, bestreue ihn mit Salz und setze die Pfanne in den Ofen auf die Ziegelsteine. Nun unterhalte man das Feuer in einer gleichmäßigen Hitze bis zur Hälfte der Bratzeit, welche bei dem betreffenden Recepte angegeben ist, und lasse von da ab das Feuer schwächer werden.«

## Vom Lamm

Auf alten Bildern mit ländlichen Szenen aus dem 19. Jahrhundert sieht man nicht selten Rinder und Schafe in trauter Eintracht nebeneinander auf den saftigen Weiden Frieslands oder Holsteins grasen. In früheren Jahrhunderten wurden die Schafe vor allem wegen ihrer Wolle gehalten, denn ihr Verkauf brachte wesentlich mehr ein als der von Fleisch. Aber gelegentlich wurde auch das äußerst schmackhafte Fleisch verzehrt.

Heute begegnen Ausflügler und Touristen, wenn sie einen Abstecher ans Meer machen oder an eingedeichten Flußläufen entlang wandern, immer wieder kleinen oder großen Schafherden, den Deichlämmern. Nicht nur im nord- und ostfriesischen Küstengebiet werden sie gezüchtet, auch auf den Inseln und Halligen sind sie zu finden. Insgesamt schätzt man den Bestand auf gut hunderttausend Tiere.

Die Schafe sind in dreifacher Hinsicht sehr nützlich: Zum einen liefern sie Wolle, zum anderen hervorragendes Fleisch, und außerdem übernehmen sie eine wichtige Aufgabe im Küstenschutz: Sie halten das Gras kurz und gesund und trampeln den Deichboden fest. Die Deichlämmer, auch Salzwiesenlämmer genannt, verbringen ihr ganzes Leben im Freien und ernähren sich artgerecht von ungedüngtem Deichgras. Die auf den Weiden wachsenden Kräuter sorgen dafür, daß das Fleisch würzig und aromatisch wird.

Die norddeutschen Lämmer sind eine Kreuzung aus dem deutschen Weißkopf- und dem holländischen

Texelschaf. Diese Rasse fühlt sich im rauhen, stürmischen Nordseeklima sehr wohl. Im Winter, wenn die Rinder in Ställe getrieben worden sind, siedeln sie auf die meer- und windabgewandte Seite der Deiche um, wo ihnen die Kühe und Ochsen noch genügend Gras übriggelassen haben. Deichlämmer wachsen langsam, da sie sich bei der Futtersuche viel bewegen müssen, und das kommt der Qualität des Fleisches zugute, das einen relativ geringen Fettanteil hat.

Da heutzutage der Erlös aus dem Verkauf der Wolle gerade mal die Scherkosten deckt, ist der Fleischverkauf zum wichtigsten Wirtschaftsfaktor der Schafhalter geworden. Allerdings ist der Markt für Schaffleisch in Deutschland noch immer klein. Da Hammelfleisch von kastrierten Böcken einen sehr charakteristischen Geschmack hat, bevorzugen die Verbraucher Lammfleisch von sehr jungen Tieren. Als Deutsches Lamm mit Gütesiegel gelten Tiere, die maximal sechs Monate alt sind und ein Schlachtgewicht von höchstens 22 Kilogramm haben.

Wer einmal einen Lammbraten oder ein Ragout vom Salzwiesenlamm genossen hat, wird verstehen, warum Gourmets darüber ins Schwärmen geraten: Das Fleisch ist äußerst zart, schmeckt würzig, aber mild, und bleibt auch bei längerer Garzeit saftig. Traditionell wird Lammfleisch in Norddeutschland mit Bohnen oder Kohl kombiniert.

## Lammkeule auf ostfriesische Art

(für 4 Personen)

1 Lammkeule von ca. 1,5 kg, Salz, Pfeffer,
2 EL Dijonsenf, 250 g Zwiebeln grob gehackt,
¼ l Fleischbrühe oder Fleischfond, 250 g Sahne

*Eventuelles Fett von der Keule abschneiden und würfeln. Das Fleisch mit Salz, Pfeffer und Senf einreiben. Die Fettwürfel in einem Bräter auslassen, dann die Keule darin von allen Seiten anbraten. Die Zwiebeln dazugeben und kurz anschmoren. Etwas Wasser angießen. Die Keule im Ofen bei 200 Grad 2 Stunden braten. Ab und zu mit dem Fond begießen. Am Ende der Bratzeit die Keule herausnehmen und warm stellen. Die Zwiebeln pürieren und mit Sahne aufkochen. Die Keule in Scheiben schneiden und die Sauce separat servieren.*

Weniger berühmt als das friesische Deichlamm sind die Schafe, die in Pommern aufwachsen. Aber auch dort hat der Verzehr von Lammfleisch Tradition. Das folgende Rezept gehört zu den absoluten Klassikern und wurde in früheren Zeiten mit dem herzhafteren Hammelfleisch zubereitet:

## *Lammfleisch mit grünen Bohnen*

(für 4 Personen)
1 kg Lammfleisch (Nacken oder Schulter) gewürfelt,
500 g grüne Bohnen von Fäden befreit und
geschnitten, 80 g durchwachsener Speck in Würfel
geschnitten, 2 Zwiebeln fein gehackt,
¼ l Weißwein, ¼ l Fleischbrühe oder Fond, Salz,
Pfeffer, einige Zweige Rosmarin und Bohnenkraut,
1 Bund gehackte glatte Petersilie

*Den Speck in einem Schmortopf anbraten und wieder herausnehmen, das Lammfleisch im gleichen Topf von allen Seiten anbraten und herausnehmen. Die Zwiebeln hinzufügen und andünsten. Mit dem Weißwein ablöschen und den Bratensatz lösen. Speck und Fleisch sowie Salz, Pfeffer, Rosmarin und Bohnenkraut dazugeben. Fleischbrühe angießen, Topf verschließen und das Ganze eine Stunde leicht köcheln lassen. Dann die Bohnen hinzugeben und 10 Minuten mitgaren. Kräuter entfernen, Fleisch und Bohnen herausheben und in eine vorgewärmte Terrine geben, warm stellen. Sauce einkochen und über das Ragout gießen. Mit Salzkartoffeln servieren.*

Das vorstehende Rezept kann auch mit Kohlrabi statt mit grünen Bohnen zubereitet werden. Ein Lammragout mit Weißkohl wird daraus, wenn man statt der Bohnen den Kohl gleich von Anfang an mitschmort und auf Bohnenkraut und Rosmarin zugunsten von Kümmel verzichtet. Eine sehr raffinierte Kohl-Variante für fortgeschrittene Köche ist das folgende Gericht:

## Lammhaxe im Wirsingmantel

(für 4 Personen)
4 Lammhaxen, Salz, Pfeffer,
2 zerdrückte Knoblauchzehen, 4 EL Öl,
1 Bund gehacktes Suppengrün, 3 Tomaten,
1 l Fleischbrühe oder Fond, 1 Lorbeerblatt, 1 Nelke,
5 Pfefferkörner, 8 Wacholderbeeren,
200 g Schweinenetz, 12 hellgrüne Wirsingblätter,
300 g Bratwurstbrät, 50 g gekochter Schinken,
40 g frische Kräuter (Thymian, Kerbel, Schnittlauch,
Petersilie etc.), ¼ l Rotwein

*Öl im Schmortopf oder Bräter erhitzen. Die Haxen mit Salz, Pfeffer und Knoblauch einreiben und von allen Seiten anbraten. Suppengrün dazugeben und anrösten, Tomaten schälen, entkernen, würfeln und darübergeben, umrühren und 2 Minuten mitkochen. Mit dem Fond ablöschen und Lorbeer, Nelke, Pfefferkörner, Wacholderbeeren hinzufügen. Im Backofen bei 180 Grad eine Stunde schmoren. Dann die Haxen aus dem Ofen nehmen, abkühlen lassen und das Fleisch vorsichtig von den Knochen lösen. Knochen aufheben. Den Bratenfond durch ein Sieb passieren. Das Schweinenetz wässern. Die Wirsingblätter in Salzwasser 1 Minute blanchieren, in Eiswasser abschrecken und abtropfen lassen. Für die*

*Füllung das Bratwurstbrät mit den Schinkenwürfeln und mit frischen Kräutern vermischen. Für jede Haxe 3 Wirsingblätter mit etwas Füllung bestreichen. Das Haxenfleisch mit der restlichen Masse füllen und wieder in die ursprüngliche Form bringen. Mit den Wirsingblättern umwickeln und jede Haxe in ein Viertel des Schweinenetzes einwickeln. Die Haxenknochen kürzen, verkehrt herum in die gefüllte Haxe stecken und mit Alufolie umwickeln. Die Haxen wieder in den Bräter legen, die passierte Sauce und den Rotwein angießen und im vorgeheizten Backofen nochmals 20 Minuten schmoren. Mit Frühlingsgemüse und Kartoffelpüree servieren.*

So raffiniert kann die norddeutsche Küche sein! Besonders würzig wird das Fleisch übrigens durch die Beigabe von Wacholderbeeren, den Früchten des schon von den Germanen als Heil- und Zauberpflanze geschätzten Machandelbaums. Lammfleisch und Wacholder passen ausgezeichnet zusammen, wie das nachstehende Rezept beweist. Es wird traditionell in der Lüneburger Heide gekocht, wo die Schafe Heidschnucken heißen. Ihr Fleisch ist ebenfalls von ausgezeichneter Qualität. Da die Tiere sich von Heidekraut, Kiefernnadeln und Birkenschößlingen ernähren und auch gern an Eichen und Buchen sowie an Wacholder-, Blaubeer- und Preiselbeersträuchern knabbern, ist ihr Fleisch dunkler im Geschmack als das der Deichlämmer und ähnelt eher dem von Wild. Ihren Namen verdanken diese Schafe ihrer Haupttätigkeit, dem »Schnucken«, was nichts anderes heißt als naschen.

## Lammrücken in Wacholderrahm

(für 6 Personen)

2 kg Lammrücken, 3 EL Wacholderbeeren, Salz, Pfeffer, 50 g Butterschmalz, 3 Zwiebeln grob gehackt, 1 Karotte kleingeschnitten, 1 Stange Lauch kleingeschnitten, 3 Lorbeerblätter, 2 Gewürznelken, ¼ l Rotwein, 1/8 l Fleischbrühe oder Fond, 1 EL Weinessig, 400 g Schmand

*Lammrücken häuten und in Form schneiden. Haut und Abschnitte aufheben. Die unteren kleinen Filets auslösen und kühl stellen. Wacholderbeeren in einem Mörser zerdrücken, den Lammrücken mit der Hälfte davon einreiben, dann salzen und pfeffern. Den Lammrücken in einen großen Schmortopf legen und mit heißem Butterschmalz übergießen. Zwiebeln, Karotten, Lauch und Restfleisch zusammen mit den Lorbeerblättern, den Nelken und den restlichen Wacholderbeeren dazugeben und das Fleisch im Backofen bei 220 Grad eine Stunde lang braten. Den Lammrücken herausnehmen und warm stellen. Rotwein, Brühe und Essig vermischen und den Bratensatz damit ablöschen. Röststoffe mit einem Holzlöffel lösen. Fond durch ein Sieb in einen Topf geben und mit dem Schmand einkochen. Die kleinen Filets in einer Pfanne mit Butterschmalz 5 Minuten anbraten, salzen, pfeffern und warm stellen. Das Rückenfleisch vom Knochen lösen, in Scheiben schneiden, wieder auf den Knochen legen und zusammen mit den Filets servieren. Die Sauce separat reichen. Dazu passen Salzkartoffeln und in Butter geschmorte, mit Zitrone abgeschmeckte frische Champignons.*

Lammfleisch muß nicht unbedingt geschmort oder gebraten werden. Das folgende Rezept stammt aus Mecklenburg und ist zweifellos etwas ganz Besonderes, weshalb der Mundart-Dichter Fritz Reuter nicht anders konnte, als in einem seiner Gedichte davor zu warnen, sich zu überessen: »Fretts di daran nich krank.«

## Lammfleisch mit Kümmelsauce

(für 4 Personen)
800 g Lammfleisch (Schulter oder Brust),
Salz, 300 g Sellerieknolle gewürfelt,
1 Stange Lauch kleingeschnitten,
130 g Möhren kleingeschnitten,
3 Zwiebeln grob gehackt,
1 zerdrückte Knoblauchzehe, 1 Lorbeerblatt,
6 weiße Pfefferkörner, 3 Pimentkörner,
1 EL gehackter Kümmel, 50 g Butter,
40 g Mehl, 1/8 Liter Sahne

*Das Fleisch in einen Topf geben und mit Salzwasser gerade bedecken. Das kleingeschnittene Gemüse sowie Knoblauch, Lorbeer, Pfeffer, Piment und Kümmel dazugeben. Aufkochen, Schaum abschöpfen und dann 1½ Stunden leise köcheln lassen. Anschließend das Fleisch aus der Brühe nehmen und warm stellen. 3/8 Liter von der Brühe abnehmen, durch ein Sieb gießen. Butter und Mehl in einem Topf anschwitzen und mit der Brühe ablöschen. Unter Rühren 5 Minuten lang aufkochen, dann die Sahne einrühren. Das Fleisch in Scheiben schneiden, mit etwas Sauce begießen, die restliche Sauce separat reichen.*

Wer Kümmelsauce mag, wird vielleicht auch bei der traditionellen Beilage zu diesem Gericht nicht mit der Wimper zucken, denn zu dem obigen Gericht gehören unbedingt:

## Stampfkartoffeln mit Buttermilch

(für 4 Personen)
1 kg mehlig kochende Kartoffeln, Salz,
50 g Butter, 120 g Zwiebeln gewürfelt,
150 g durchwachsener Speck gewürfelt,
1 EL Mehl, ½ Liter Buttermilch, Salz,
weißer Pfeffer, Muskatnuß

*Die Kartoffeln schälen und in Salzwasser gar kochen. Das Wasser abgießen, die Kartoffeln zerstampfen und die Butter unterrühren. Speck in einer Pfanne auslassen und zusammen mit den Zwiebeln anbraten. Mehl einrühren, Buttermilch zugießen und aufkochen. Diese Mischung unter die Kartoffeln rühren und mit Salz, Pfeffer und Muskat abschmecken.*

Wer die Absicht hat, den hundertprozentigen Mecklenburger herauszukehren, macht einfach nur Stampfkartoffeln und gibt Buttermilch, Speck und Zwiebeln erst auf dem Teller darüber. So haben das früher die Bauern im östlichen Deutschland gegessen. Das schmeckt so gut, daß man sich – erst recht in Kombination mit zartem Lammfleisch – wirklich daran krankfressen kann.

## *Vom Wild*

Früher war die Jagd das Privileg der Herrschenden. Das Jagen und Verzehren von Wild war fast ausschließlich den Adligen vorbehalten, die zu diesem Zweck ihre Jagdschlösschen aufsuchten. Aber auch die reichen Bauern, deren prächtige Höfe manchmal auch schon beinahe Schlösser genannt werden konnten und können, zogen im Herbst los, um auf ihrem Besitz das Wild zu dezimieren, damit es nicht überhandnahm. Heute ist der Zugang zur Jagd demokratischer geregelt, aber einen Jagdschein muß man schon haben, um auf die Pirsch gehen zu dürfen. Die Jagd ist wichtig, um den Tierbestand zu kontrollieren. Dem Gourmet ist jedes Halali recht, denn es bringt ihm außergewöhnliche Spezialitäten auf den Tisch. Ob vom Reh, vom Hirsch, vom Wildschwein oder Hasen – aus dem Fleisch wild lebender Tiere lassen sich üppige und schmackhafte Festtagsgerichte zaubern.

Das Reh sei »die Ziege des Waldes« heißt es bei Habs und Rosner. Die beiden Verfasser des »Appetitlexikons« zitieren einen kulinarischen Sachverständigen namens Hohberg, der das Reh lobt, weil es »ein liebes und anmuthiges Tierlein ist und mit der Güte seines Wildprets die Kleinheit seines Leibes ersetzt«. Und weiter führen sie aus: »Die besten Stücke sind wie beim Hirsch der Schlegel, der entweder gespickt mit Butter, Zwiebeln und Gewürz in der Pfanne oder im buttergetränkten Papierüberzieher am Spieß gebraten wird, und der Rehrücken, der sich zumeist als Braten in seinem eigenen Saft oder in der mit saurem Rahm verkochten Bratensauce, bisweilen aber auch als Ragout präsentiert.«

Ragouts werden heutzutage vor allem von Fleisch aus Hals, Schulter, Haxen oder den sehnigen Unterschenkeln zubereitet. Der beliebte typische Wildgeschmack entwickelt sich am besten, wenn das Fleisch als Ragout geschmort wird. Am zartesten ist das Fleisch von jungen Tieren, dem auch der manchmal strenge Geschmack älteren Wildbrets fehlt. Dieses ungeliebte Aroma kann man jedoch eindämmen, indem man das Fleisch in saure Marinade oder Buttermilch einlegt. Durch das Marinieren wird das Fleisch auch zarter. Bereits eingefrorenes Wild sollte allerdings nicht mehr mariniert werden, da das Zellgewebe nicht mehr so fest ist und das Fleisch beim Braten oder Schmoren austrocknen würde.

## Hirschragout

(für 4 Personen)

1 kg Hirschfleisch ohne Knochen, Haut und Sehnen,
2 Zwiebeln gehackt, 125 g durchwachsener Speck
gewürfelt, 2 Karotten kleingeschnitten,
50 g Knollensellerie kleingeschnitten,
1 Tomate gehäutet, entkernt und gehackt,
50 g Schmalz, Salz, Pfeffer, ½ Liter Wildfond,
1 Lorbeerblatt, 4 Wacholderbeeren, 5 Pimentkörner,
1 Nelke, 1/8 l Sahne, 1 EL Mehl,
2 TL Pflaumenmus

*Das Hirschfleisch in Stücke schneiden. Schmalz in einen Schmortopf geben und erhitzen, den Speck darin kurz anbraten. Das Fleisch dazugeben und gut anbraten. Das Gemüse hinzufügen und einige Minuten mitrösten. Salzen, pfeffern und mit dem Fond ablöschen. Lorbeerblatt, Wacholder, Piment und Nelke in ein Leinensäckchen füllen und dazuwerfen. Das Ragout etwa 1½ Stunden bei schwacher Hitze köcheln lassen. Das Gewürzsäckchen entfernen. Das Pflaumenmus einrühren. Die Sahne mit dem Mehl verrühren und ebenfalls einrühren. 8 Minuten köcheln lassen, abschmecken, servieren. Dazu passen nicht nur Klöße und Rotkohl, sondern auch Bratkartoffeln und grüner Salat.*

Bestimmte Teile der von ihm erlegten Tiere bleiben dem Jäger vorbehalten. Delikatessen wie Zunge und Leber nimmt er an sich, da es sich um leichtverderbliche Teile handelt. Gehäutet, in dünne Scheiben geschnitten und in Butter gebraten, bestenfalls noch mit Salz und Pfeffer gewürzt und mit Zwiebelringen ergänzt, genießt der

Waidmann seine privilegierte Mahlzeit sofort nach der Jagd. Habs und Rosner wissen natürlich, wie es noch besser schmeckt: »Der rechte Jäger jedoch scheibelt die Leber, unmittelbar nachdem sie dem Körper entnommen, ohne sie zu putzen und abzuhäuten, bringt die Scheiben sogleich mit etwas Rehschweiß (Blut) in geschmolzener, mit zerhackter Zwiebel gewürzter Butter aufs Feuer, setzt Pfeffer, Salz, Mehl und später eine gute Dosis Essig zu, läßt sie einige Male aufkochen und erhält auf diese Weise eines jener Gerichte, die Tote zu erwecken und Lebende vor dem Sterben abzuhalten vermögen.«

Für alle, die das Waidmannsheil auf zivilisiertere Art im heimischen Kochtopf suchen, hier ein Rezept für einen feinen Braten:

## Rehkeule

(für 6 Personen)

1 Rehkeule ohne Knochen (ca. 1,5 kg), Salz, Pfeffer,
1 Zwiebel gehackt, 1 Karotte kleingeschnitten,
1 Stück Sellerieknolle kleingeschnitten,
2 Thymianzweige, 1 Salbeizweig, 60 g Schmalz,
½ Liter Wildfond, 150 g fetter Speck in Scheiben,
5 Wacholderbeeren, 5 Pimentkörner,
1 EL Mehl, 1/8 Liter Sahne (süß oder sauer, je nach Geschmack)

*Die Keule enthäuten, salzen, pfeffern und mit Küchengarn zusammenbinden. Das Schmalz in einem Bräter erhitzen und die Keule von allen Seiten gut anbraten. Das Gemüse hinzufügen und mitrösten. Mit dem Fond ablöschen und die Keule mit den Speckscheiben bele-*

*gen. Gewürze und Kräuter hinzufügen und die Keule im offenen Bräter bei 200 Grad im Ofen braten. Dabei des öfteren mit Brühe übergießen. Nach 20 Minuten den Bräter abdecken und die Temperatur auf 170 Grad reduzieren. 1 1/4 Stunden schmoren lassen, ab und zu wenden. Dann die Keule herausnehmen und warm stellen. Den Bratensatz durch ein Sieb geben. Das Mehl mit der Sahne verrühren und mit der Sauce aufkochen, bis sie sämig ist. Die Keule aufschneiden und auf eine vorgewärmte Platte legen. Mit der Sauce übergießen und servieren. Dazu gibt es Kartoffelkroketten oder Lütje Tüffels (kleine, in Schmalz gebratene Kartoffeln) und Rotkohl sowie mit Preiselbeeren gefüllte, pochierte Birnenhälften.*

Das Reh grast nicht, das Reh äst, heißt es. Und es äst die feinsten Kräuter und Blätter, die der Wald zu bieten hat. Deshalb ist sein Fleisch auch so aromatisch und schmeckt eben genauso würzig, wie der Wald im Herbst riecht. Gleiches gilt natürlich auch für den Wildhasen, von dem die Römer glaubten, sein Fleisch mache schön. Im Mittelalter hingegen aß man nicht so gerne Hasenfleisch, weil man sich einbildete, davon melancholisch zu werden. Heute sind wir über solche Vorurteile erhaben. Das einzige, was uns an Meister Lampe verwundert, sind die Vokabeln mit denen er beschrieben wird: Er besitzt nämlich keine Ohren, sondern »Löffel«, hat keine Augen, sondern »Lichter«, ihm fehlt der Schwanz, statt dessen sitzt an der betreffenden Stelle eine »Blume«, und sein Fell besteht nicht aus Haaren, sondern aus »Wolle«. Die Vorderbeine wiederum heißen »Läufe« und die Hinterbeine »Sprünge«, aber wenn er sich damit in Bewegung setzt, läuft oder springt er nicht, obwohl es so aussieht, sondern »geht«. So viel zur Begriffsverwirrung.

Auf Hasenjagd geht's, wenn der erste Frost eingesetzt hat. Wenn dann überall auf den Märkten zahlreiche Hasen angeboten werden, lohnt es sich, ein kleines Festmahl zu zaubern. Das folgende Rezept wird so an der ganzen Ostseeküste zubereitet:

## Hasenrücken auf Lübecker Art

(für zwei Personen)
1 Hasenrücken, 1 EL Estragonsenf,
125 g durchwachsener Speck in dünnen Streifen,
250 g fetter Speck in Scheiben, 1 Lorbeerblatt,
100 ml Rotwein (vorzugsweise Lübecker Rotspon),
120 g saure Sahne, Salz, Pfeffer

*Den Hasenrücken mit Estragonsenf bestreichen und mit den Schinkenspeckstreifen belegen. Einen Bräter mit den fetten Speckscheiben auslegen und den Hasenrücken darauf setzen. Das Lorbeerblatt dazugeben. Im Ofen bei 250 Grad 40 Minuten braten. Wenn der Rükken braun wird, ab und zu Rotwein und Bratenfond darübergießen. Den Braten aus dem Bräter nehmen, abdecken und warm stellen. Das Lorbeerblatt entfernen, den Bratensatz lösen, den Fond eventuell etwas einkochen. Die saure Sahne einrühren und nicht mehr aufkochen. Mit Salz und Pfeffer abschmecken. Den Hasenrücken tranchieren und auf einer Platte anrichten. Die*

*Sauce separat servieren. Dazu passen Kartoffelpüree und Preiselbeerkompott, natürlich auch Rotkohl oder Rosenkohl.*

Weniger anmutig als das Reh, auch nicht so würdevoll wie der Hirsch und bestimmt nicht so niedlich wie der Hase ist ein anderes Tier, dessen Fleisch jedoch sehr schmackhaft und gar nicht so teuer ist: Das Wildschwein hat sich nämlich in einigen Landstrichen mittlerweile zur Plage entwickelt. In Horden verwüstet es Gärten, gräbt Wiesen um oder plündert die Maissaat auf den Feldern. Da sich die »Schwarzkittel« sehr stark vermehren, dürfen die scheuen, nachtaktiven Tiere zahlreich geschossen werden. Die einzelgängerischen Keiler, die sich nur zur Paarungszeit zu den Rotten von Bachen und Jungtieren gesellen, können bis zu 200 Kilogramm schwer werden. Wildschweine werden bereits seit der Steinzeit gejagt. Die Domestizierung begann bereits im 6. Jahrtausend vor Christus – das Wildschwein ist die Urform unseres heutigen Hausschweins. Sein Fleisch ist magerer, dunkler und kräftiger im Geschmack und eignet sich hervorragend zum Schmoren und Braten.

## Wildschweinbraten

(für 4 Personen)

1 kg Wildschweinfleisch aus der Keule, Salz, Pfeffer,
¼ l Rotweinessig, 1 Bund Suppengrün klein
geschnitten, 2 Zwiebeln grob gehackt,
2 Lorbeerblätter, 4 Nelken, 5 Pimentkörner,

1 Zitrone in Scheiben geschnitten,
1 EL Zucker, 150 g durchwachsener Speck gewürfelt,
1 EL Schmalz, ¼ l Rotwein,
2 EL geriebenes Schwarzbrot

*Den Braten gut salzen und pfeffern. Den Essig mit dem Suppengrün, den Zwiebeln, den Lorbeerblättern, Nelken, Pimentkörnern, Zitronenscheiben und dem Zukker aufkochen, abkühlen lassen und das Fleisch mit dieser Marinade übergießen. An einem kühlen Ort 1 bis 2 Tage ziehen lassen. Vor dem Braten das Fleisch gut abtropfen lassen. Den Speck im Schmalz anbraten, dann das Fleisch von allen Seiten anbraten. Mit dem Rotwein und der Marinade ablöschen, zudecken und bei kleiner Hitze gut 1 Stunde schmoren. Den Braten aus dem Topf nehmen und warm stellen. Den Fond durch ein Sieb geben, eventuell einkochen und mit dem Schwarzbrot binden. Den Braten aufschneiden, die Sauce separat reichen. Dazu gibt es Kartoffelpüree und Sauerkraut.*

Im Mittelalter aß man Wild am liebsten, wenn es schon »anrüchig« geworden war. Diese geschmackliche Vorliebe ist allerdings heute nicht mehr besonders populär, und schon gar nicht wartet man so lange mit dem Verzehr, bis »die Würmer drin sind«. Im 19. Jahrhundert war es üblich, Wild vor dem Braten noch zu kochen, möglicherweise um den mitunter etwas strengen Geruch allzu gut abgehangenen Fleisches zu mildern. Die Folge wird zweifellos gewesen sein, daß die Braten trocken wurden und keinen rosig zarten Kern hatten.

## *Vom Geflügel*

Was der Reichskanzler und Vielesser Bismarck einmal von der Ente behauptete, daß sie nämlich ein komischer Vogel sei – »für einen zuviel und für zwei zuwenig« –, sagt der Mecklenburger über die wesentlich größere Gans. Heute, wo der Durchschnittsbürger schon nach einem halben Hähnchen nach dem Magenbitter greift, ist es eher unvorstellbar, daß sich zwei Mecklenburger Bauern gemeinsam an einer Gans hungrig gegessen haben. Natürlich war der Kalorienverbrauch in früheren Zeiten bei Leuten, die von morgens bis abends im Freien schuften mußten, höher, aber wahrscheinlich gehört dieses geflügelte Wort trotzdem in die Kategorie »landestypische Aufschneiderei«, auch wenn ein zweites Sprichwort besagt: »Ein pommerscher Magen kann alles vertragen.«

Tatsächlich aber waren die Gänse nicht nur seltsam, sondern höchst nützlich in früheren Zeiten, weshalb sie in ganz Norddeutschland in großer Zahl gehalten wurden: Eine Gans kann mühelos einen Wachhund ersetzen, ihre Federn werden zum Füllen der Bettdecken verwendet, und mit ihrem Fleisch kann man auch so allerhand anstellen. Abgesehen vom Festtagsbraten, den früher nur das städtische Bürgertum favorisierte, gab es in Norddeutschland noch das traditionelle Rezept für Gänse-Schwarzsauer. Dieses Gericht aus Gänseblut und Gänseklein wurde auf den Guts- und Bauernhöfen gegessen, nachdem die Frauen die Tiere gerupft hatten. Wie das sehr ähnliche, oben erwähnte Schwarzsauer vom Schwein ist es nicht jedermanns Sache, weshalb wir hier eine »zivilisierte« Abwandlung für den kulinarischen Hasenfuß des 21. Jahrhunderts präsentieren, also für all jene, denen sich der Magen umdreht, wenn sie sich vorstellen, wie jemand der Gans den Hals umdreht:

## Gänsekeule süß-sauer

(für 4 Personen)
4 Gänsekeulen, 250 ml Weißweinessig,
5 EL Zucker, 2–3 Zwiebeln grob gehackt,
2 Lorbeerblätter, 1 EL Senfkörner,
½ Zimtstange, 1 TL Salz, 50 g Butter,
2 TL Speisestärke

*Den Essig mit den Zwiebeln, den Lorbeerblättern, den Senfkörnern, der Zimtstange und dem Salz sowie 4 Eßlöffel Zucker aufkochen und die Gänsekeulen hineingeben. Zwei Stunden leicht köcheln lassen, dann die Keulen herausnehmen und abkühlen lassen. Die Brühe kalt stellen, damit das Fett sich absetzen kann. Dann die Keulen in der Butter anbraten und dabei mit dem Zucker bestreuen. Der Zucker soll karamelisieren. Die Brühe durch ein Sieb in einen Topf geben, aufkochen und mit Stärke binden. Mit Zucker abschmecken und über die Keulen geben. Dazu reicht man Bratkartoffeln.*

Im Spätherbst und im Winter häufen sich die festlichen Gelegenheiten, zu denen man in ganz Norddeutschland gern einen schönen Gänsebraten aus dem Ofen holt. Auch wenn ausgewiesene Feinschmecker sich meist nur für die Leber dieser Tiere interessieren und das Fleisch hochnäsig als geschmacklos und trocken ablehnen, erfreut sich der Gänsebraten bei Klein- und Großbürgern, bei Städtern und Landbewohnern ungebrochener Beliebtheit. Vielleicht liegt's daran, daß der Braten eine leckere Kruste hat. Vor allem aber kann man die Gans auf vielerlei Arten füllen – einen Braten kann jeder in den Ofen schieben, eine Füllung komponieren ist schon eine andere Sache.

## Festlicher Gänsebraten

(für 6–8 Personen)
1 Gans von ca. 6 kg mit Magen und Herz, Salz
Für die Füllung:
250 g Schweinemett, 6 EL Preiselbeerkompott,
200 g Sahne, 4 EL Semmelbrösel,
1 Apfel geschält und in Stücke geschnitten,
100 g Knollensellerie fein gehackt,
Salz, Pfeffer, Zimt
Für die Sauce:
200 g Zwiebeln grob gehackt,
250 g Geflügelklein, Beifuß, Speisestärke

*Mit einer Pinzette alle Federkielreste aus der Haut der Gans ziehen. Den Hals abschneiden, alles sichtbare Fett entfernen. Magen und Herz kleinschneiden. Das Tier innen und außen gut waschen, trockentupfen und innen und außen salzen. Für die Füllung das Mett mit dem Preiselbeerkompott und der Sahne vermischen und die Semmelbrösel sowie den Apfel und den Sellerie dazugeben. Mit Salz, Pfeffer und Zimt würzen, die Gans damit füllen und die Bauchöffnung mit einem Holzstäbchen zustecken.*

*Die Gans mit der Brustseite nach unten in einen Bräter legen und die Zwiebeln, das Geflügelklein mit Magen, Herz und Gänsehals darum verteilen, Beifuß dazulegen und 1 Liter leicht gesalzenes Wasser angießen. Bei 225 Grad im Backofen braten. Das Tier nach 1 Stunde umdrehen und die Haut mit einem Holzstäbchen einstechen, damit das Fett austreten kann und die Haut knusprig wird. Weitere 2½ Stunden braten und dabei immer wieder mit dem Bratenfond begießen.*

*Am Ende der Garzeit die Gans auf einen Rost legen, wieder in den Ofen schieben und mit Salzwasser bepinseln, damit die Haut noch knuspriger wird. Das Bratenfett aus dem Bräter abgießen und den Fond durch ein Sieb in einen Topf füllen. 3/8 Liter kaltes Wasser in den Bräter geben, die Röststoffe mit einem Holzlöffel lösen und ebenfalls in den Topf geben. Die Sauce einkochen, abschmecken und anschließend eventuell mit Stärke binden. Die Gans auf einer vorgewärmten Platte servieren und am Tisch tranchieren. Dazu gibt es Rotkohl und Kartoffelklöße.*

Für die Füllung einer Gans sind unzählige Variationen vorstellbar: Man kann Äpfel und Maronen mischen und mit Majoran würzen; man kann Äpfel mit geriebenem Schwarzbrot und Rosinen oder Backpflaumen mischen und das Ganze mit Thymian würzen; auch Nüsse oder Mandeln passen dazu. Besonders üppig ist folgendes Rezept: Gewürfelte Äpfel werden mit gemischtem Hack, Eiern, gedünsteten Zwiebelwürfeln und Semmelbröseln vermengt mit Nelkenpulver und Majoran gewürzt, und zum Schluß kommt gewürfelte Gänseleber dazu.

Und was hat es mit der Martinsgans auf sich, die jedes Jahr am 11. November auf den Tisch kommt? Vielleicht nicht mehr als daß in Norddeutschland in früheren Zeiten das Erntedankfest oftmals erst im November gefeiert wurde. Zu diesem Datum war dann auch der Zins für den Lehnsherren fällig, der in Naturalien, oftmals auch in Form von frisch geschlachteten Gänsen, beglichen wurde. Schöner ist natürlich die Geschichte vom Heiligen Martin, dem Wohltäter der Armen, der in einen Gänsestall flüchtete, als er hörte, er solle zum Bischof ernannt werden. Die Gänse verrieten ihn durch ihr Geschnatter und wurden fortan Martinsgänse genannt. Nach einer anderen, unheiligeren Legende fühlte sich Sankt Martin beim Beten von lärmenden Gänsen gestört und ließ sie deshalb töten und in den Ofen schie-

ben. Es gibt aber auch strenggläubige Protestanten, die ihre Gans schon am 10. November braten, zu Ehren von Martin Luther, der an diesem Tag Geburtstag hat.

Vieles, was man mit Gänsen machen kann, zum Beispiel sie in saurem Gelee als langhaltenden Vorrat einlegen (Weißsauer), funktioniert genauso gut mit Enten, die in Norddeutschland traditionell gezüchtet werden. Am bekanntesten und beliebtesten sind die Vierländer Mastenten. Sie stammen aus den fruchtbaren Elbmarschen südöstlich von Hamburg. Der Name Vierlanden erklärt sich übrigens aus dem Zusammenschluß der vier Gemeinden Curslack, Altengamme, Neuengamme und Kirchwerder.

Natürlich passen alle Füllungen für die Gans auch für ihre kleinere Verwandte, die Ente, aber da deren Fleisch noch etwas herber schmeckt, lohnt es sich durchaus, auf Säure zugunsten von Süße zu verzichten – wie bei dem folgenden Rezept:

## *Vierländer Ente mit Birnen-Leber-Füllung*

(für 4 Personen)
1 Ente von ca. 2 kg, Salz, Pfeffer,
150 g Entenleber, 50 g Butter,
3 Birnen geschält und in Scheiben geschnitten,
4 EL Semmelbrösel, ¼ l Fleischbrühe,
100 g Schmand, 1 Prise Zucker

*Die Ente waschen, trockentupfen, innen und außen salzen und pfeffern. Keulen und Brust mehrfach einstechen. Für die Füllung die Leber fein hacken und in*

*1 EL Butter anbraten. Die Birnenscheiben in der restlichen Butter andünsten. Dann die Leber mit den Birnen und den Semmelbröseln vermengen und in die Ente füllen. Das Tier mit einem Holzspieß zustecken. Mit der Brustseite nach unten in einen Bräter legen, zudecken und bei 150 Grad 4 Stunden braten. Ente herausnehmen und warm stellen. Bratenfond durch ein Sieb in einen Topf geben und die Fleischbrühe und den Schmand einrühren. Einkochen, mit Salz, Pfeffer und Zucker abschmecken. Die Ente am Tisch tranchieren, die Sauce separat reichen. Dazu passen Kartoffelpüree und Buttergemüse.*

Gänse und Enten sind schwerer zu zerlegen als Hühnchen, die, wenn sie wirklich zart sind, sogar mit zwei Löffeln zu zerteilen sind. Eine Tranchiergabel und ein langes, spitzes Messer erleichtern die Arbeit bei Gänsen und Enten: Zuerst trennt man Flügel und Keulen ab, indem man mit der Messerspitze in die Gelenke sticht. Dann teilt man die Brust mit einem Längsschnitt bis zur Bauchhöhle in zwei Teile und löst dann vorsichtig die Bruststücke vom Knochen ab. Mit etwas Geduld geht das leichter als befürchtet.

Auch Wildenten und wilde Gänse wurden früher vor allem im Watt gejagt, wenn im Herbst die großen Schwärme Richtung Süden zogen. Am reichsten war die Beute, wenn die Jäger nach Einbruch der Dunkelheit hinausgingen und die Vögel mit einer Laterne anlockten. Effektiver war es allerdings, Vogelkojen zu benutzen: Das waren kleine, von Wäldchen umgebene

Teiche, um die herum gangartige Netze installiert wurden. Lockvögel sorgten dafür, daß die Enten in die Netze spazierten und sich in dem allmählich enger werdenden Labyrinth verirrten. Auf diese Weise wurden früher im Küstengebiet und auf den Inseln bis zu hundert Tiere pro Tag gefangen.

Sportlicher scheint es zu sein, das Wildgeflügel mit der Flinte zur Strecke zu bringen. Tatsächlich aber werden heutzutage die meisten Wildgeflügel ebenso gezüchtet wie Enten und Gänse. Der bei Jägern beliebte Fasan beispielsweise wird erst sechs Wochen vor der Jagd im entsprechenden Gebiet ausgesetzt, ist also eigentlich ein domestizierter Vogel. Auch Rebhühner, von denen Johann Wolfgang von Goethe auf seinen Deutschlandreisen zwei Stück pro Tag zu verzehren pflegte, werden längst gezüchtet. Schmackhaft und fein ist das Fleisch beider Vogelarten dennoch, wie die folgenden Zubereitungsarten beweisen dürften:

## Fasan im Speckmantel

(für 2 Personen)
1 Fasan, Salz, Pfeffer,
150 g durchwachsener Speck in dünnen Scheiben,
20 g Butter, 4 Wacholderbeeren,
¼ l Wildfond, 150 ml Sahne,
1 EL Johannisbeergelee

*Den Fasan innen und außen salzen und pfeffern. Mit dem Speck umwickeln und mit Küchengarn binden. Butter in einem Bräter erhitzen und den Fasan darin anbraten. Die Wacholderbeeren hinzufügen und den Bräter in den Ofen stellen. Den Fasan bei 200 Grad knapp 1 Stunde braten. Ab und zu den Wildfond dazugießen und das Tier wenden. Fasan herausnehmen und warm stellen. Bratensatz lösen und Fond durch ein Sieb in einen Topf geben. Sahne dazugeben und einkochen. Mit Johannisbeergelee, Salz und Pfeffer abschmecken. Dazu passen Lütje Tüffels (in Schmalz gebratene kleine Pellkartoffeln) und Wirsing oder Rosenkohl.*

Der Fasan kommt übrigens aus Asien, wo er ursprünglich zwischen dem Schwarzen Meer und Korea lebte. Schon die Griechen und Römer waren fasziniert von dem schönen, wohlschmeckenden Vogel, Karl der Große hat ihn regelmäßig verspeist. Damals wurden die gebratenen Vögel mit ihren bunten Federn dekoriert aufgetragen. Im Mittelalter richteten viele Fürsten Fasanerien ein, in denen die edlen Tiere gezüchtet wurden. Zur Jagd ausgesetzt wurden sie aber erst ab der zweiten Hälfte des 17. Jahrhunderts. Da sich der Fasan in freier Wildbahn nicht sehr intelligent und eher träge verhält, ist er für den geübten Jäger allerdings keine besondere Herausforderung.

Für das Rebhuhn gilt das Gegenteil. Es ist klein, flink, weiß sich zu verbergen und gilt als der Hase unter dem Federwild. Ursprünglich am Schwarzen Meer beheimatet, kam es im Mittelalter zunächst als Zierhuhn nach Westeuropa und wurde wegen seines saftigen, zarten, fettarmen Fleisches auch als »Königsbissen« bezeichnet. Wahrscheinlich schmecken Rebhühner besser als die Saatkrähen, die früher angeblich in Speck gebraten in Pommern verzehrt wurden.

## Rebhühner mit Linsengemüse

(für 4 Personen)
250 g Linsen, 100 g Lauch in Streifen geschnitten,
150 g Karotten in Scheiben geschnitten,
150 g durchwachsener Speck in Streifen geschnitten,
frische Speckschwarte in Streifen geschnitten,
2 Gewürznelken, 1 Lorbeerblatt, 4 Rebhühner,
Salz, weißer Pfeffer, 4 Zwiebeln grob gehackt,
125 ml Weißwein, 250 ml Fleischfond, 100 g Schmand,
½ Bund Petersilie gehackt

*Die Linsen über Nacht einweichen. Am nächsten Tag zusammen mit Lauch, Karotten, Speckschwarte, Nelken und Lorbeer bei schwacher Hitze garen. Rebhühner innen und außen salzen und pfeffern. Speck im Bräter knusprig braten und herausnehmen. Im gleichen Topf die Rebhühner von allen Seiten anbraten und mit Speck und Zwiebeln ½ Stunde bei 200 Grad im Ofen braten. Dann die Hitze auf 170 Grad reduzieren, den Wein und den Fleischfond dazugießen und fertig schmoren. Lorbeer, Nelken und Schwarte aus den Linsen nehmen. Rebhühner aus dem Topf nehmen und warm stellen. Fond einkochen und mit Schmand abschmecken. Rebhühner auf dem Linsengemüse anrichten, mit Sauce begießen und mit Petersilie bestreuen.*

Saatkrähen verspeist schon lange niemand mehr, und daß Lerchen und andere Singvögel einst auch im Norden als Delikatesse galten, ist zur Freude der Tierschützer längst vergessen. Ganz allgemein betrachtet, spielt es für den Gourmet keine Rolle, ob die Vögel, die auf seinem Teller landen, von einem Jäger geschossen wurden oder direkt aus der Zucht kommen – solange das Fleisch nur zart und wohlschmeckend ist. Was die Zartheit des Fleischs betrifft, sind als typisch norddeutsche Spezialität die Vierländer Stubenküken besonders zu erwähnen. Hierbei handelt es sich um junge Hühnchen, die im Frühjahr, wenn es draußen noch kalt ist, zum Aufpeppen vom Bauern in die warme Wohnstube oder in die der Wohnstube vorgelagerte Tenne geholt werden. Hier werden sie mit Körnerfutter, besonders Mais, gemästet, das in Milch aufgeweicht wird. Auf diese Weise werden sie schön fleischig und zart und setzen kaum Fett an. Älter als 75 Tage wird ein Stubenküken nicht, denn es dient als Grundlage für so manches Traditionsgericht.

## Bremer Kükenragout

(für 4 Personen)
2 Stubenküken, 1 Kalbszunge, 1 Kalbsbries,
1 Zwiebel, 1 Bund Suppengrün, Salz,
250 g Kalbsbrät, 150 g kleine Champignons,
250 g Spargelspitzen, 3 EL Butter,
2 EL Mehl, ¼ l Weißwein, Zitronensaft,
1 Prise Zucker, Salz, Pfeffer,
125 g Sahne, 2 Eigelb

*Die Kalbszunge mit der Zwiebel und dem Suppengrün in Salzwasser 20 Minuten kochen, dann die Küken und das Kalbsbries dazugeben und alles zusammen weitere 40 Minuten köcheln lassen. Zunge, Küken und Bries herausnehmen und abkühlen lassen. Die Brühe durch ein Sieb geben und wieder leicht erhitzen. Zunge und Bries enthäuten. Kükenfleisch vom Knochen lösen und die Haut entfernen. Zunge, Bries und Kükenfleisch in Würfel schneiden. Aus dem Kalbsbrät kleine Klößchen formen und in der Brühe gar ziehen lassen. In einem zweiten Topf das Mehl und die Butter anschwitzen und mit 600 Milliliter Brühe ablöschen. Den Weißwein hinzufügen. Aufkochen und Champignons und Spargel darin garen. Sauce mit Zitronensaft, Salz und Pfeffer abschmecken. Das Fleisch hineingeben. Sahne und Eigelb vermischen und die Sauce damit binden. Dazu serviert man Butterreis.*

Auch ein anderes Hühnchengericht aus Bremen verdient es, an dieser Stelle erwähnt zu werden, denn es handelt sich um eine Spezialität, die man in der ehrwürdigen Hansestadt nicht vermuten würde: Das Bremer Curryhuhn ist nicht etwa eine Erfindung indischer Computerspezialisten, sondern wurde offenbar schon irgendwann im 19. Jahrhundert zum Traditionsgericht der Bremer Hanseaten erklärt. Sehr wahrscheinlich haben Seeleute das Rezept und die dazugehörigen Gewürze mitgebracht. Mit Curry haben sie wahrscheinlich so manches Gericht an Bord »verfeinert«, wenn die Zutaten auf der großen Fahrt allmählich immer seltsamer rochen.

Im Laufe der Zeit wurden je nach kulinarischer Mode viele Variationen entwickelt: Kapern kamen in die Sauce, Champignons wurden dazugegeben, und sogar

Pinienkerne und Spinat sollten das exotische Flair unterstützen. Inzwischen haben die Köche bemerkt, daß in Indien das Curryhuhn mit Joghurt gekocht wird. Nun ist man sich allerdings nicht ganz einig, ob der Joghurt mitgekocht wird oder erst am Schluß dazukommt. Kocht er mit, gerinnt er natürlich. So lieben es die Inder. Das sieht dann aber nicht so hübsch aus, deshalb sei an dieser Stelle das folgende Rezept empfohlen:

## Bremer Curryhuhn

(für 4 Personen)
3 Zwiebeln fein gehackt, 1 Knoblauchzehe fein gehackt, 800 g Hühnchenfleisch in Würfel geschnitten, 2 EL Öl, 1 EL Butter, 2 EL Currypulver, 125 ml Kokosmilch, Salz, 1 Lorbeerblatt, 2 Messerspitzen gemahlener Kreuzkümmel, 1 kleine rote Chilischote sehr fein gehackt, 100 g Joghurt, 100 g saure Sahne

*Öl und Butter erhitzen und Zwiebeln mit Knoblauch andünsten. Das Currypulver darüberstreuen und durchschwitzen lassen. Mit 250 Milliliter Wasser ablöschen. Kokosmilch dazugießen, Fleisch hineingeben sowie Lorbeerblatt und Kreuzkümmel. Bei schwacher Hitze 45 Minuten köcheln lassen. Chili hinzufügen. Joghurt mit saurer Sahne verrühren und in die Sauce geben, abschmecken und mit Reis servieren.*

Nicht nur für ihr Kükenragout und das Curryhuhn sind die Bremer berühmt. Größtes kulinarisches Ereignis in der Hansestadt an der Weser ist das Schaffermahl, das alljährlich am zweiten Freitag im Februar im Rathaus abgehalten wird und zu dem bedeutende Persönlichkeiten aus Politik, Wirtschaft und Kultur geladen werden. Jeder der 300 Eingeladenen darf nur ein einziges Mal im Leben teilnehmen. Manche werden das erleichtert zur Kenntnis nehmen, denn das Schaffermahl, das früher zu Ehren der ausfahrenden Kapitäne gegeben wurde, dauert fünf Stunden und besteht aus sieben Gängen: Hühner- und Ochsenlenden-Suppe, Stockfisch in Senfsauce, Braunkohl mit Rauchfleisch, Pinkel und Maronen, Kalbsbraten mit Äpfeln und Backpflaumen, Chester- und Rahmkäse mit Zunge und geräuchertem Butt sowie zum Abschluß Früchte mit Kaffee.

So lassen es sich die Norddeutschen schmecken: Ob auf dem Land oder in der Stadt, ob Bauer oder Hanseat, ob Friese oder Mecklenburger – wenn es denn Fleisch sein darf, dann soll es aber auch genug davon geben, getreu der nicht nur in Norddeutschland weitverbreiteten Ansicht: »Fleisch ist das beste Gemüse.« Oder, um es mit dem Niedersachsen Wilhelm Busch zu sagen: »Wer einen guten Braten macht, hat auch ein gutes Herz.«

Von Ronald Gutberlet liegen in dieser Reihe ebenfalls vor:

PLUMEN UN KLÜTEN
Traditionelle Gerichte aus Norddeutschland

SCHOLLE, AAL UND STIPPE
Fischgerichte aus Norddeutschland

KRAUT UND RÜBEN
Deftiges aus Norddeutschland

AUSTERN, KRABBEN, KREBS UND HUMMER
Schlemmen in Norddeutschland

TEE, GROG, PUNSCH UND KÖM
Getränke aus Norddeutschland

Von Ronald Gutberlet in der Reihe »Hamburg ahoi«:

DIE SPEICHERSTADT
Hanse, Handel, Hafencity

FERNWEH
Von den Landungsbrücken in die Welt

DER FREIHAFEN
Geschichte, Fakten und Geschichten

DIE REEPERBAHN
Mädchen, Macker und Moneten

MENSCHEN, SCHIFFE, SEEMANNSGARN
Von Störtebeker bis Hans Albers

ELBE ABWÄRTS
Vom Fischmarkt unterwegs nach Blankenese


Lektorat: Andreas C. Knigge
Umschlaggestaltung: Kathrin Steigerwald, Hamburg
Innengestaltung: H & G Herstellung, Hamburg
Druck und Bindung: Offizin Andersen Nexö, Leipzig
ISBN 3-203-78313-4

Informationen über unser Programm erhalten Sie beim
Europa Verlag, Neuer Wall 10, 20354 Hamburg oder unter
www.europaverlag.de